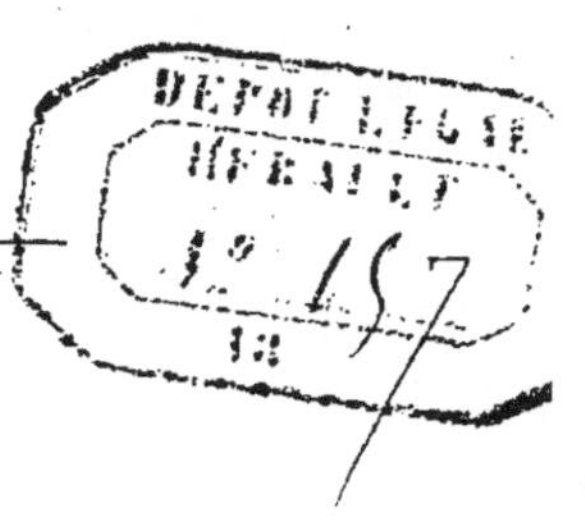

RAPPORT

sur un projet de réforme

DU

NOUVEAU RÉGIME D'ÉTUDES

POUR LA LICENCE ET LE DOCTORAT EN DROIT

Présenté à l'Assemblée de la Faculté de Droit de Montpellier

PAR M. CHAUSSE, AGRÉGÉ

MONTPELLIER

IMPRIMERIE CENTRALE DU MIDI

(Hamelin Frères)

—

1887

RAPPORT

sur un projet de réforme

DU

NOUVEAU RÉGIME D'ÉTUDES

POUR LA LICENCE ET LE DOCTORAT EN DROIT

Présenté à l'Assemblée de la Faculté de Droit de Montpellier

Par M. CHAUSSE, Agrégé

MONTPELLIER

IMPRIMERIE CENTRALE DU MIDI

(Hamelin Frères)

1887

RAPPORT

SUR UN PROJET DE RÉFORME

DU NOUVEAU RÉGIME D'ÉTUDES

POUR LA LICENCE ET LE DOCTORAT EN DROIT

MESSIEURS,

Une circulaire de M. le Ministre de l'instruction publique, du 5 mars 1887, a invité les Facultés de droit à donner leur avis sur le résultat du nouveau régime d'études et d'examens, institué par les décrets du 28 décembre 1880 et du 20 juillet 1882, et sur les améliorations que comporterait le régime actuel.

Dans sa séance du 15 mars, l'Assemblée de la Faculté a discuté les questions soulevées par cette circulaire et confié à une Commission de trois membres le soin d'étudier, avant de les lui soumettre, les éléments des réponses qu'elle était invitée à fournir. La Commission, s'étant inspirée des vues qui avaient paru prévaloir au sein de l'Assemblée, a déposé les conclusions qu'elle avait élaborées. Dans sa séance du 25 mai, la Faculté a discuté les différentes opinions émises par la Commission ; elle a adopté la plupart de ses conclusions, et écarté ou modifié quelques-uns des vœux exprimés par elle. La tâche du rapporteur se trouve par cela même très-circonscrite. Je n'ai d'autre mission que de vous faire connaître, le plus brièvement possible, les *desiderata* de l'Assemblée.

Toutes les questions soumises par M. le Ministre aux délibérations des Facultés de droit n'ont pas fait l'objet de votre examen. Notre École, étant de création récente, n'a pas pu apprécier, par comparaison au régime antérieur, l'effet des réformes récemment accomplies. Je me borne, dans cet ordre d'idées, à vous faire connaître le nombre et la proportion des élèves qui, abandonnant les études commencées, ont laissé périmer leurs inscriptions.

De 1880 à 1887, 983 étudiants se sont inscrits à la Faculté de droit, savoir : 861 pour la licence, 122 pour le doctorat. Sur les 861 aspirants à la licence, 263 ont laissé périmer leurs inscriptions, soit 30 1/2 %. Sur les 122 étudiants en doctorat, 44 ont abandonné leurs études, soit 36 %.

Ces chiffres sont élevés ; mais il est vraisemblable qu'à l'avenir, les inscriptions n'étant plus gratuites, ils seront moins considérables. Au reste, si le rétablissement du droit d'inscription doit avoir pour effet de restreindre la population de nos Facultés, il aura du moins l'avantage de nous débarrasser des étudiants irréguliers. Ce n'est pas une raison pour renoncer aux excellentes mesures qui ont été prises en vue de rendre la scolarité plus normale. Il est désirable que les élèves soient obligés de prendre régulièrement leurs inscriptions et de suivre assidûment les cours.

Attachons-nous maintenant à l'exposé, suivant l'ordre de la circulaire, des réformes dont la Faculté désire la réalisation, en nous occupant successivement du programme des cours et du régime des examens, soit pour la licence, soit pour le doctorat.

LICENCE

PROGRAMME DES COURS

Le décret du 28 décembre 1880 a modifié les conditions d'admission au grade de licencié en droit. Il a introduit dans le programme des études l'Histoire générale du droit français, qui est enseigné en première année, et le droit international privé, qui fait l'objet d'un cours de troisième année. Cette double innovation doit-elle être maintenue? et, d'autre part, est-il désirable de modifier les autres enseignements? Telles sont les deux questions que vous aviez tout d'abord à résoudre. En outre, la Faculté a porté son attention sur une mesure qui lui a paru éminemment propre à fortifier les études juridiques : je veux parler d'une organisation nouvelle des conférences.

Les deux cours récemment créés ont rencontré des adversaires. On a allégué en faveur de leur suppression que le programme des études de licence était trop chargé; on s'est plaint de l'insuffisance du temps qui est laissé aux jeunes gens pour la préparation des examens; on a accusé les enseignements spéciaux de prendre de plus en plus la place qui est légitimement due aux cours fondamentaux, qui sont d'une utilité plus générale ; on voudrait que nos programmes fussent plus largement ouverts aux exigences professionnelles, et que l'étudiant fît une plus ample provision de renseignements et de connaissances utiles dans la pratique des affaires.

Nous ne croyons pas que ces critiques soient fondées. Si les études juridiques sont généralement faibles, cette faiblesse doit être attribuée à l'insuffisance notoire du travail chez la plupart des étudiants. Les programmes actuels ne constituent pas un fardeau trop lourd pour des jeunes gens laborieux. Si l'on veut relever les études, ce ne sont pas les programmes qu'il faut modifier, mais bien le système des examens.

L'utilité d'un cours de Droit international privé n'a pas besoin d'être démontrée. Les conflits de lois nés de la complexité des relations internationales acquièrent chaque jour plus d'importance. Le mouvement scientifique dans l'ordre du droit s'est particulièrement accentué, depuis que nous avons contracté l'habitude de regarder au delà de nos frontières pour rechercher, dans l'étude des législations voisines, les améliorations et les réformes que l'on pourrait réaliser dans la nôtre. Nous sommes intéressés au plus haut point à connaître les progrès accomplis autour de nous, afin de soumettre à un examen critique les dispositions légales qui nous gouvernent. Or cette étude des législations comparées, si attrayante et si instructive, a pris, par la force même des choses, une place considérable dans le programme du Droit international privé.

Sans méconnaître l'utilité de cet enseignement, sans contester qu'il ne doive trouver place dans nos Facultés, quelques-uns ont pensé qu'il ne devait pas s'adresser aux étudiants en licence, et qu'il convenait de le transformer en cours de doctorat. On a fait observer que cette science ne pouvait vraiment être à la portée que des étudiants d'élite, déjà bien pénétrés des règles du droit interne. Il est, croyons-nous, facile de répondre à ces objections. Antérieurement au décret de 1880, les problèmes qui font aujourd'hui l'objet d'une étude spéciale étaient exposés à l'occasion d'autres enseignements. Le professeur de Code civil traitait la théorie de la nationalité et la condition des étrangers, ainsi que les difficultés internationales se rapportant au mariage, au contrat de mariage, aux successions, aux testaments, aux hypothèques, etc. Le professeur de Droit criminel s'occupait de l'extradition et de l'application des lois pénales par rapport aux lieux qu'elles régissent. Le professeur de Procédure devait consacrer quelques développements à la compétence internationale, à l'autorité et à l'exécution des jugements étrangers. Aujourd'hui ces divers enseignements sont débarrassés de ces matières, qui, groupées scientifiquement et reliées entre elles, et en outre éclairées par quelques notions de droit de gens, sont rattachées aux principes généraux du droit international et deviennent ainsi d'une compréhension plus facile.

Le cours d'Histoire du droit a, lui aussi, soulevé de vives critiques; la majorité de la Commission avait cru devoir en proposer la suppression. L'Assemblée de la Faculté ne s'est pas engagée dans cette voie; il ne lui a pas paru que les objections dirigées contre cet enseignement fussent fondées. Il est possible que la méthode suivie dans certaines Facultés soit défectueuse et justifie quelques plaintes; sans méconnaître l'utilité de l'étude approfondie des sources pour la préparation des travaux personnels, on peut juger que l'enseignement de l'Histoire du droit aussi restreint est ingrat et stérile pour la grande majorité des étudiants. Si, d'autre part, le programme de ce cours doit s'analyser en une série d'introductions historiques correspondant aux diverses matières du droit privé; si le professeur borne sa tâche à faire connaître à ses élèves les divers éléments qui se sont combinés pour former le droit moderne, il est permis de penser qu'ainsi compris, ce cours est à peu près inutile, car les professeurs ont l'habitude d'exposer les origines avant d'aborder la législation actuelle. Encore pourrait-on faire remarquer que cette introduction à tous les autres enseignements est faite au cours d'Histoire du droit avec une ampleur que les études des portions spéciales du droit ne saurait comporter.

Mais si, au contraire, le professeur fait une très-large place à l'Histoire du droit public ; s'il expose avec soin les évolutions successives de la civilisation française ; s'il observe dans l'étude des institutions de l'ancien régime le mouvement qui a transformé peu à peu l'état de la nation ; s'il s'attache à faire connaître les événements qui, dans notre histoire, ont lentement préparé l'avènement des principes sur lesquels repose la société moderne ; s'il s'applique enfin à prévoir les phénomènes sociaux qui pourront amener leur transformation, il semble que ces études, qui servent de complément naturel aux études historiques proprement dites, assouplissent l'esprit, développent les idées générales et, en éveillant la curiosité de jeunes gens qui ont vécu jusque-là dans le monde des lettres, les préparent à recevoir et à classer les connaissances d'une utilité immédiate qu'ils acquerront dans la suite.

Non-seulement la Faculté ne demande pas la suppression ou la transformation de l'Histoire du droit et du Droit international privé, mais elle émet le vœu que ces cours soient érigés en chaires magistrales. Avec le régime actuel, ces cours sont confiés à des agrégés qui sont amenés à les abandonner le plus vite possible. Si ces enseignements étaient attribués à des maîtres, assurés de conserver leur position pendant de longues années, on peut être certain qu'ils se livreraient à des recherches d'érudition et poursuivraient avec la plus grande activité la solution des problèmes qui se rattachent à leurs études spéciales. Si l'on estime que ce vœu ne peut, à l'heure présente, recevoir satisfaction, il serait du moins à souhaiter que le titulariat ne fût pas attribué à un cours déterminé ; le titre de professeur devrait être distinct de l'emploi, afin que l'agrégé ne fût pas obligé, pour devenir titulaire, de quitter un enseignement qui convient à ses goûts et à ses préférences.

La Faculté appelle également l'attention de M. le Ministre sur la nécessité de compléter et de modifier certains enseignements ; elle estime qu'il y a lieu de faire une plus grande place au Code civil et d'élargir le programme de la Procédure civile.

On se plaint, et avec raison, que le professeur de Code civil n'ait pas le temps d'expliquer toutes les parties du cours. En deuxième et en troisième année, il est obligé de ne donner sur quelques-unes des matières que des notions très-superficielles, ce qui rebute l'attention de l'étudiant et ne permet pas de dégager les principes. En général, le professeur, pour ne pas réduire ses explications à une sèche nomenclature des textes, préfère être incomplet et laisser en dehors de ses études quelques parties du programme. Si l'on veut donner au Code civil la légitime prépondérance qu'il doit avoir dans l'enseignement, il est indispensable d'accroître la part qui lui est faite. Nous proposons donc de créer une quatrième chaire de Code civil. Le programme de ce nouveau cours pourrait comprendre les donations, la prescription, la vente, le louage et les petits contrats. Cette innovation paraîtra surtout utile si l'on se résout à supprimer en licence le cours de Droit international privé et à transporter cet enseignement en doctorat, car le professeur de Code civil serait dès lors obligé de traiter des matières qui sont actuellement enseignées dans un autre cours.

Le programme de la Procédure civile appelle également une réforme d'une utilité incontestable. Tout le monde s'accorde à regretter que ce cours ne comprenne pas les voies d'exécution. Les divers incidents de la procédure ne présentent pas, à beaucoup près, la même importance doctrinale ou pratique que les saisies et les ordres. En conséquence, la Faculté estime que le programme du cours doit être révisé de telle sorte qu'il comprenne désormais les voies d'exécution.

Telles sont les seules réformes dans le programme des cours que la Faculté demande. Mais ce qu'il importe surtout, c'est de réorganiser sur des bases nouvelles le système des conférences. Sous le régime actuel, elles sont facultatives et gratuites ; nous désirons qu'elles soient dorénavant obligatoires et rétribuées. En général, les conférences ne sont suivies que par l'élite des étudiants ; il faut qu'elles profitent à tous. Si les élèves étaient astreints à l'assiduité, ils seraient obligés de travailler d'une manière continue, suivie ; ils n'attendraient pas les derniers jours de l'année pour se livrer à l'étude. Ces exercices, dont tout le monde reconnaît l'utilité, constitueraient les *travaux pratiques* de nos Facultés. L'importation, dans nos Écoles de droit, d'un système qui fonctionne et produit de bons résultats dans les Écoles de médecine, serait pour nous un véritable bienfait. Nous sommes convaincu qu'une bonne part des succès remportés au concours général par certaines Facultés est due au développement qu'ont pris chez elles ces exercices si utiles. Si l'on estime que les conférences ne peuvent être profitables que si elles s'adressent à un petit nombre d'auditeurs, il serait facile, dans les Facultés où la population scolaire est nombreuse, de répartir les élèves en deux ou plusieurs groupes, pour conserver à ces réunions leur caractère d'intimité.

La rétribution, que l'on pourrait fixer à 30 francs,

soulèvera sans doute plus d'objections. Autrefois, une allocation de 60 francs servait à rémunérer les maîtres de conférences. Depuis 1880, cette somme a cessé d'être perçue, et aucun crédit n'a été voté pour suppléer à cette indemnité. Il y a là une injustice qu'il est urgent de réparer. Si l'on craint d'aggraver les charges des familles en leur imposant une nouvelle contribution, il semble du moins équitable qu'une portion des sommes perçues à raison du droit d'inscription soit employée à remplacer l'ancienne indemnité de conférences.

Si l'organisation que nous proposons était admise, la tâche des agrégés se trouverait considérablement aggravée. Pour alléger le personnel enseignant d'un fardeau trop lourd, les Facultés seraient autorisées à s'adjoindre des docteurs en droit qui, de concert avec les agrégés et sous leur direction, seraient affectés au service des conférences. Ces docteurs en droit ne pourraient ni faire des cours obligatoires, ni interroger aux examens, ni prendre part aux délibérations de la Faculté. En province, les maîtres de conférences seraient désignés par l'Assemblée de la Faculté. A Paris, où le grand nombre des docteurs rendrait un tel procédé impraticable, ils seraient recrutés par la voie du concours. Avec ce système, on assurerait aux candidats à l'agrégation une position modeste; on leur laisserait moins d'inquiétude pour leur avenir.

RÉGIME DES EXAMENS

Tout le monde sait que le diplôme de licencié en droit n'implique pas une connaissance suffisante des matières juridiques. C'est qu'en effet les épreuves ne sont pas assez sérieuses. Ce serait faire une œuvre vaine que de recommander la sévérité aux examinateurs. Si l'on veut exiger des élèves, non plus l'apparence, mais la réalité du savoir, c'est le régime des examens qu'il faut transformer.

La Faculté est convaincue que, pour relever le niveau des études, l'un des moyens les plus efficaces consisterait dans l'organisation, à chaque examen, de compositions écrites portant sur toutes les matières ayant fait l'objet d'une branche distincte de l'enseignement pendant l'année. On écarterait ainsi les préparations insuffisantes et l'on rendrait les examens plus justes. L'épreuve orale, en effet, reste souvent incertaine ; l'élève timide ou qui manque d'à-propos y est inférieur à lui-même. L'épreuve écrite, au contraire, permet au candidat de donner toute sa mesure. Le jury s'assurerait que l'élève sait exposer un point de droit avec méthode et dans un bon langage ; cette épreuve aurait donc une valeur des plus probantes.

Mais il ne suffirait pas d'exiger à chaque examen des dissertations écrites ; il est indispensable que ces épreuves aient un caractère rigoureusement éliminatoire, comme dans les Facultés des lettres ou des sciences ; sinon elles seraient dépourvues de sanction, car les professeurs contracteraient peu à peu l'habitude de ne pas les lire. Nous n'exagérons pas : c'est ainsi que les choses se passaient pour la composition écrite qui, dans le système ancien, devait précéder le deuxième examen de licence.

L'organisation de ces nouvelles épreuves ne paraît pas de nature à soulever des difficultés dans l'application. Les candidats seraient tous convoqués à une époque déterminée. Il serait facile de s'assurer que chaque composition est bien l'œuvre de celui qui la présente, car la surveillance serait exercée par un professeur ou par un agrégé. Dans les Facultés de province, le travail de correction ne ferait pas perdre beaucoup de temps aux examinateurs. A Paris, on pourrait confier ce soin aux docteurs en droit, maîtres de conférences.

Si la réforme importante que nous appelons de tous nos vœux était réalisée, il y aurait tout avantage à supprimer le système actuel du dédoublement, qui n'a pas donné jusqu'ici des résultats bien satisfaisants, et à rétablir l'épreuve orale unique, qui laisse moins de place à l'imprévu et permet au jury d'examen de mieux connaître la valeur exacte du candidat. Afin de maintenir la prépondérance qui appartient sans conteste au Code civil, cet enseignement comporterait deux boules. Chaque examen serait donc sanctionné par cinq suffrages. Les candidats seraient ajournés par deux noires ou trois rouges-noires.

La Faculté estime en outre que, pour éviter l'accroissement du nombre des étudiants irréguliers ou retardataires, il est essentiel que les élèves soient astreints à subir leurs examens à la fin de l'année scolaire. La session de novembre doit être réservée aux étudiants qui ont échoué ou ont été dispensés, pour des raisons graves, de se présenter au mois de juillet. Quant à la session de janvier, il y aurait avantage à la supprimer. Ce double vœu a été déjà formulé par l'Assemblée de la Faculté, sur les conclusions du rapport de M. Charmont, dans la séance du 11 mars 1886.

DOCTORAT

Le diplôme de docteur étant destiné à constater des études juridiques approfondies, la place capitale dans le programme des examens doit être laissée au Droit romain et au Code civil. Sous peine d'abaisser la valeur de ce grade, il faut maintenir ces deux enseignements, qui constituent la base de toute bonne éducation juridique.

En revanche, la Faculté s'est demandé s'il était vraiment utile de conserver le troisième examen, qui a été ajouté par le décret du 20 juillet 1882. Cette épreuve comprend une seule matière obligatoire, le Droit constitutionnel, et deux matières laissées au choix du candidat. On a fait observer que l'augmentation du nombre des examens décourageait bon nombre d'étudiants. Le diplôme de docteur n'est plus très-recherché. Cette désertion fâcheuse est surtout sensible depuis que ce grade n'est plus recommandé, comme il l'était autrefois, pour l'entrée dans la magistrature. Pour remédier à cet état de choses et restreindre la durée des études, on a demandé la suppression du troisième examen. La Faculté, après quelques hésitations, n'a pas cru devoir se ranger à cet avis. Elle a pensé que le Droit constitutionnel devait trouver place dans les épreuves du doctorat, et que cependant il ne pouvait être question de surcharger les programmes des deux premiers examens, déjà bien remplis. Il lui a paru qu'avec trois épreuves le travail était plus divisé et la tâche moins lourde. Elle a pensé, toutefois, qu'il convenait de laisser aux candidats un choix plus étendu de matières. Actuellement, l'option des deux cours facultatifs ne peut s'exercer que sur les enseignements obligatoires de la licence; il y aurait avantage à conférer aux candidats le droit d'être interrogés sur les cours spéciaux qui sont organisés dans la plupart des Facultés, et qui ont pour objet le droit maritime, le droit rural, le droit industriel, l'enregistrement et le notariat, etc., etc. On assurerait ainsi une sanction à ces cours, et l'on permettrait aux aspirants au doctorat de compléter par quelques spécialités leurs connaissances juridiques.

La thèse appelle aussi quelques modifications. Les deux dissertations que l'on exige sont rarement des œuvres personnelles et originales. Beaucoup considèrent la thèse comme une formalité que l'on expédie au plus vite et avec le moins de travail possible. Et cependant, dans la plupart des Facultés, on exige un long ouvrage, qui n'est souvent qu'une compilation. Cette tendance actuelle est des plus fâcheuses. Mieux vaudrait se contenter d'une dissertation courte, se référant à un sujet restreint et bien délimité, qui porterait sur l'une quelconque des matières enseignées à la Faculté. Si la dissertation était courte, il y aurait plus de chances pour qu'elle fût personnelle. La thèse serait une véritable monographie, qui servirait de point de départ à de nouvelles recherches et à des travaux plus importants.

M. le Ministre nous ayant conviés à rechercher quelles sont les améliorations que comporterait le régime actuel des études de droit, nous n'avons pas cru devoir omettre de parler d'une sorte d'examen qui n'offre, sous le régime actuel, aucun semblant de garantie, et qu'il conviendrait ou de supprimer ou de modifier profondément: je fais allusion à l'examen de capacité. Les Facultés n'ont pas été fondées, elles ne doivent pas seulement vivre pour former des magistrats et des avocats: elles ont également pour mission d'initier à la science du droit ceux qui se destinent aux fonctions plus modestes de juges de paix, ou aux emplois d'officiers ministériels, notaires, avoués, etc. La qualité de ces utiles auxiliaires de la justice doit préoccuper l'attention des pouvoirs publics. Si l'on considère, par exemple, l'importance des attributions conférées aux notaires, et si l'on met en regard les garanties de capacité qu'on exige d'eux, on est effrayé des dangers qui peuvent résulter de pouvoirs si étendus. Pourtant il serait excessif d'exiger des officiers ministériels le grade de licencié en droit. Il ne saurait être question davantage de créer un enseignement professionnel et technique ayant pour destination spéciale de préparer aux différentes carrières de la pratique judiciaire. Ainsi conçu, un pareil enseignement ne serait pas à sa place dans les Facultés de droit. Mais ne serait-il pas possible d'instituer à côté de la licence, maintenue dans ses vieilles prérogatives, un diplôme, d'ordre quelque peu inférieur, que l'on rendrait accessible aux jeunes gens dépourvus du grade de bachelier ès lettres et qui cependant seraient désireux de faire des études juridiques sérieuses? On concilierait les besoins de la pratique avec la nécessité de maintenir à l'enseignement du droit sa haute portée scientifique, en organisant des épreuves dont le programme, allégé de l'étude des antiquités juridiques, se préoccuperait davantage de satisfaire aux exigences de certaines fonctions et de certains emplois. S'inspirant de ces considérations, la Faculté propose de supprimer le baccalauréat en droit, qui dans le régime actuel ne donne lieu qu'à des frais de diplôme, et de donner ce nom au grade qu'ambitionneraient les étudiants qui se destinent aux fonctions de juge de paix, ou aux emplois de notaire ou d'avoué. L'obtention de ce diplôme nécessiterait deux années d'étude et comprendrait deux examens, avec épreuves écrites et épreuves orales. Le programme de ces examens embrasserait la partie vivante et pratique du droit, savoir : le code civil, le droit commercial, la procédure civile et l'instruction criminelle. A cet ensemble de matières seraient jointes, à chaque épreuve, des interrogations portant sur un des cours spéciaux enseignés à la Faculté (droit rural, droit industriel, enregistrement et notariat).

Tels sont, Messieurs, les vœux que la Faculté soumet respectueusement à l'attention de M. le Ministre. Le rapporteur s'est attaché à n'omettre aucune des questions qui ont été agitées au sein de l'Assemblée. S'il n'a pas noté toutes les dissidences qui se sont produites, il croit cependant avoir résumé fidèlement l'ensemble des discussions auxquelles s'est livrée la Faculté de droit de Montpellier.

Ce Rapport a été approuvé, après quelques observations, par l'Assemblée de la Faculté de droit de Montpellier, dans sa séance du 10 juin 1887.